EU SOU A DITA-CUJA

TATIANA BELINKY

EU SOU A DITA-CUJA

ILUSTRAÇÕES
CRIS EICH

© TBG GESTÃO E NEGÓCIOS S/S LTDA. EPP, 2019

1ª Edição, Noovha América, 2010
2ª Edição, Global Editora, São Paulo 2019
3ª Reimpressão, 2024

Jefferson L. Alves – diretor editorial
Dulce S. Seabra – gerente editorial
Flávio Samuel – gerente de produção
Juliana Campoi – assistente editorial e revisão
Cris Eich – ilustrações
Maira Spilack – projeto gráfico

CIP-BRASIL. CATALOGAÇÃO NA PUBLICAÇÃO
SINDICATO NACIONAL DOS EDITORES DE LIVROS, RJ

B38e
2. ed.

    Belinky, Tatiana, 1919-2013
    Eu sou a dita-cuja / Tatiana Belinky ; ilustração Cris Eich. -
2. ed. - São Paulo : Global, 2019.
    24 p. : il. ; 28 cm.

    ISBN 978-85-260-2500-4

    1. Poesia. 2. Literatura infantojuvenil brasileira. I. Eich, Cris.
II. Título.

19-59935   CDD: 808.899282
                                          CDU: 82-93(81)

Leandra Felix da Cruz – Bibliotecária – CRB-7/6135

Obra atualizada conforme o
NOVO ACORDO ORTOGRÁFICO DA LÍNGUA PORTUGUESA

Global Editora e Distribuidora Ltda.
Rua Pirapitingui, 111 – Liberdade
CEP 01508-020 – São Paulo – SP
Tel.: (11) 3277-7999
e-mail: global@globaleditora.com.br

grupoeditorialglobal.com.br   @globaleditora
blog.grupoeditorialglobal.com.br   /globaleditora
/globaleditora   @globaleditora
/globaleditora   @globaleditora

Direitos reservados.
Colabore com a produção científica e cultural.
Proibida a reprodução total ou parcial desta
obra sem a autorização do editor.

Nº de Catálogo: **3591**

Para mim, não é preciso padecer no paraíso!
Ser mãe não é sacrifício!
Vale o custo-benefício.

E PRA ISSO COMPROVAR
DO MEU FILHO EU VOU FALAR!
FALO COM SINCERIDADE
E O QUE DIGO É SÓ VERDADE!

Com seu jeito natural,
o meu filho é legal!
Ele tem, de muitos lados,
qualidades, predicados.

Como rica fantasia,
otimismo e alegria,
brincadeira, travessura,
com carinho e ternura.

Em ação desde que acorda,
faz de tudo, pinta e borda.
Tem forte temperamento!
Mas não é briguento.

Ele é muito criativo,
é o tal "superativo"!
Generoso e esperto,
mesmo longe, fica perto!

Faça frio, faça calor,
nunca perde o bom humor!

Fica sério e pensativo, quando tem um bom motivo.

É ÀS VEZES RESERVADO,
CHEGA QUIETO E SAI CALADO.
MAS SE METE O NARIZ,
ABRE A BOCA, FALA E DIZ!

Do espaço ele é senhor,
sem ser rei é reinador!
Buliçoso e irrequieto,
nem dormindo fica quieto!

E O MEU FILHO, AQUI DESCRITO,
É TAMBÉM O MAIS BONITO!
PARA MÃE, NA REALIDADE,
ELE É A *FILHI*CIDADE!

Ah, eu sou a "DITA-CUJA"
sou a própria mãe coruja!

TATIANA BELINKY

TATIANA BELINKY CHEGOU AO BRASIL COM DEZ ANOS DE IDADE, DEIXANDO PARA TRÁS A RÚSSIA, ONDE NASCEU. AQUI ESTUDOU, CASOU, TEVE DOIS FILHOS, NETOS E BISNETOS. "SOU MAIS BRASILEIRA QUE A MAIOR PARTE DOS BRASILEIROS, AFINAL, ESTOU AQUI HÁ 81 ANOS", DISSE EM 2010.

TRADUTORA DE LITERATURA RUSSA, ALEMÃ, INGLESA, ENTRE OUTRAS, ESCREVEU PARA JORNAIS PAULISTAS SOBRE LITERATURA INFANTOJUVENIL, FEZ CRÍTICA DE TEATRO E MUITO MAIS.

ROTEIRISTA, ADAPTOU PARA A TV O SÍTIO DO PICA-PAU AMARELO, EM SUA PRIMEIRA VERSÃO, NA DÉCADA DE 1950. QUEM VIU, SENTE SAUDADE!

ESTA FANTÁSTICA "FAZEDEIRA DE COISAS" SÓ PUBLICOU SEU PRIMEIRO LIVRO DE FICÇÃO PARA CRIANÇAS EM 1985: OPERAÇÃO DO TIO ONOFRE. DEPOIS FORAM TANTOS LIVROS QUE NÃO DÁ NEM PARA CONTAR (MAIS DE 170). A PREMIADA AUTORA FALECEU EM 2013.

CRIS EICH

QUANDO GAROTA, EU MORAVA NUMA PEQUENA CIDADE DO INTERIOR. MEUS PAIS ERAM PROFESSORES E, NO INÍCIO DO ANO, RECEBIAM PELO CORREIO PACOTES DE LIVROS: A MAIORIA DELES PARA TRABALHAR EM SALA DE AULA, ALGUNS POUCOS DE HISTÓRIAS INFANTIS QUE ENTREGAVAM PARA MIM E MEUS IRMÃOS. NÓS DISPUTÁVAMOS  OS LIVROS, ME LEMBRO DE QUE ERAM DEVORADOS, E MESMO AS MAIS LONGAS HISTÓRIAS ERAM LIDAS RAPIDAMENTE.

NAQUELE GRUPO DE LIVROS HAVIA UMA CATEGORIA ESPECIAL QUE CHAMAVA MINHA ATENÇÃO: OS LIVROS ILUSTRADOS... AH, ESSES EU ROUBAVA PRA MIM. DEIXAVA-OS GUARDADOS, ESCONDIDOS NUM CANTO DO QUARTO, NUMA GAVETA, COMO SE FOSSEM UM TESOURO A SER DESVENDADO.

EU NÃO PODIA IMAGINAR, MAS FOI ALI QUE DESCOBRI DUAS PAIXÕES: A LITERATURA E A ARTE.

TRABALHAR COM ILUSTRAÇÕES FOI O MODO QUE ENCONTREI PARA MANTER-ME CONECTADA A ESSE MARAVILHOSO UNIVERSO DOS LIVROS, E TENTAR TRANSMITIR ESSE FEITIÇO PARA QUE VOCÊ, LEITOR, ENCONTRE ESSE ENCANTAMENTO EM SUAS HISTÓRIAS E IMAGENS.

CONHEÇA OUTRAS OBRAS DE TATIANA BELINKY

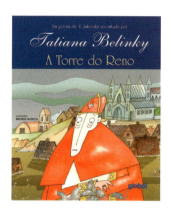

A TORRE DO RENO

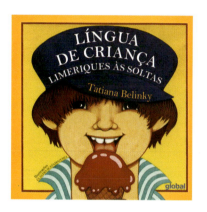

LÍNGUA DE CRIANÇA: LIMERIQUES ÀS SOLTAS

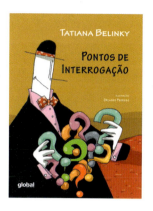

PONTOS DE INTERROGAÇÃO

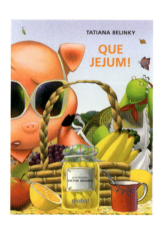

QUE JEJUM!

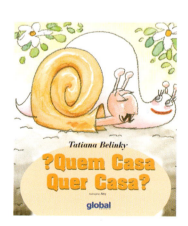

?QUEM CASA QUER CASA?

SALADA DE LIMERIQUES